AF382663

Analyse de l'œuvre

Par Cyril Hautbois

Acide sulfurique

d'Amélie Nothomb

Rendez-vous sur lepetitlitteraire.fr et découvrez :

Plus de 1200 analyses
Claires et synthétiques
Téléchargeables en 30 secondes
À imprimer chez soi

AMÉLIE NOTHOMB

ROMANCIÈRE BELGE

- **Née en 1966 à Bruxelles**
- **Quelques-unes de ses œuvres :**
  - *Hygiène de l'assassin* (1992), roman
  - *Stupeur et Tremblements* (1999), roman
  - *Métaphysique des tubes* (2000), roman

Fille de diplomate, Amélie Nothomb est une auteure belge francophone qui a écrit près d'une quarantaine de romans, contes et nouvelles, ainsi qu'une pièce de théâtre. Parfois conçues à partir d'éléments autobiographiques, ses œuvres sont régulièrement au sommet des ventes littéraires francophones. Elles possèdent selon l'écrivain et essayiste Marc Quaghebeur, « une forme de cruauté et d'humour mêlé à un romantisme qui plonge dans l'univers actuel ».

Amélie Nothomb a remporté le Grand prix du roman de l'Académie française en 1999 pour *Stupeur et Tremblements*. Elle a également été élue membre de l'Académie royale de langue et de littérature française de Belgique en 2015.

ACIDE SULFURIQUE

UNE DYSTOPIE VUE PAR DES MILLIONS DE TÉLÉSPECTATEURS

- **Genre :** roman
- **Édition de référence** : *Acide Sulfurique*, Albin Michel, coll. Le Livre de Poche, 2017, 213 p.
- **1re édition :** 2005
- **Thématiques :** camp de concentration, torture, téléréalité, histoire d'amour, anticipation

Acide Sulfurique est le quatorzième roman d'Amélie Nothomb.

Quelque part à notre époque, des gens choisis au hasard dans les rues sont kidnappés puis envoyés dans un camp de concentration nouvelle génération, où ils sont filmés vingt-quatre heure sur vingt-quatre par des caméras. Dans le camp, des « kapos » battent, affament et exécutent les prisonniers. L'un des bourreaux, du nom de Zdena, va tomber amoureuse de l'une des prisonnières : la très belle Pannonique. *Acide Sulfurique* est un roman cru et réaliste qui nous pousse à revoir notre rapport au monde et aux médias à travers le prisme de sujets intemporels : le beau et le laid, la force du langage et la question de la responsabilité.

RÉSUMÉ

UN CAMP DE LA MORT FILMÉ EN DIRECT

Alors qu'elle se promène dans un jardin public, Pannonique est brutalement enlevée, enfermée dans un camion, puis envoyée de force au sein de *Concentration* : une émission de téléréalité qui n'est rien d'autre que la reconstitution grandeur nature d'un camp de concentration.

En parallèle, une autre jeune femme du nom de Zdena est engagée comme « kapo » pour cette même émission.

Pannonique en vient rapidement à être adulée, tant par les téléspectateurs que par ses codétenus, en raison de sa grande beauté, mais aussi parce qu'elle manifeste une grande dignité face à la torture.

Zdena, elle, est méprisée pour sa laideur, sa bêtise et sa cruauté bestiale.

UNE HISTOIRE D'AMOUR ET D'IDENTITÉ

Rapidement, Zdena tombe amoureuse de Pannonique. Elle devient obsédée par la jeune femme et brûle de découvrir son nom, un nom qui lui est inconnu puisque les prisonniers sont uniquement désignés par un matricule.

En dépit de plusieurs subterfuges pour amadouer Pannonique, telles que de fausses tortures et des cadeaux, cette dernière ne révèlera son prénom que pour empêcher l'une de ses codétenues d'être exécutée par Zdena.

LE DEVOIR D'UNE HÉROÏNE

Parce que Pannonique est devenue l'égérie de ses camarades d'infortune, la jeune femme se fait un devoir d'apporter la joie et la paix au sein de son groupe. Elle partage le chocolat que la kapo lui offre, et leur apporte soutien et conseils afin de rendre le quotidien moins pénible. Peu à peu, Pannonique finit par avoir le sentiment qu'elle est investie d'une mission divine et que son devoir est d'apporter l'amour dans cet enfer.

Elle échoue cependant lorsqu'elle ne parvient pas à empêcher le viol d'une autre prisonnière adolescente ainsi que son exécution. Cet échec rabaisse ses ambitions.

Pannonique tente alors de s'adresser directement au public, et l'accuse d'être aussi coupable, sinon plus, de cette effroyable horreur qu'est *Concentration*. Suite à ce discours, les audiences augmentent de plus belle.

JEU MORTEL ET DÉLIVRANCE

Le pic de l'ignominie est atteint lorsque les organisateurs de l'émission décident de donner aux téléspectateurs le pouvoir de voter pour les candidats qu'ils souhaitent voir exécutés.

Pannonique implore alors Zdena de trouver un moyen de les faire sortir du camp, ce que la kapo dit pouvoir envisager en échange de faveurs sexuelles. Pannonique refuse et tente de faire appel à l'humanité présente en Zdena. La kapo se montre réticente dans un premier temps, puis Pannonique s'adresse une nouvelle fois aux spectateurs en leur demandant de voter uniquement pour elle. La pression devient trop forte pour la kapo qui décide d'agir, et arrive au moment de l'exécution programmée de Pannonique avec des cocktails Molotov à base d'acide sulfurique qu'elle menace de faire exploser, ce qui détruirait l'ensemble du camp.

Finalement, l'armée et le Premier ministre arrivent sur place, le camp est fermé avec la promesse ne jamais réouvrir, et tous les prisonniers sont libérés. Zdena est enfin digne du respect de Pannonique.

ÉTUDE DES PERSONNAGES

LA BELLE ET LE MONSTRE

Pannonique/CKZ 114

Pannonique, alias CKZ 114, est une belle jeune femme d'une vingtaine d'années. Avant d'être prisonnière du jeu télévisé *Concentration*, elle était étudiante en paléontologie. C'est l'héroïne du roman, à la fois par sa beauté, mais aussi par la dignité qu'elle manifeste face à la torture et aux humiliations. Tout au long de l'intrigue, Pannonique fait preuve de bienveillance et de générosité envers ses codétenus. Elle partage le chocolat qu'elle obtient de la kapo Zdena, elle se soucie du moral des membres de son unité. Elle envisage même, dans un étrange moment d'introspection, de s'octroyer le rôle de Dieu en tant que principe de grandeur et d'amour. Ainsi, elle veut aimer ses compagnons et leur rappelle constamment ce que signifie être un individu civilisé.

Pannonique possède également un sens inné du sacrifice, et n'hésite pas à se mettre en danger à plusieurs reprises pour sauver d'autres prisonniers.

La Kapo Zdena

La Kapo Zdena est elle aussi une jeune femme d'une vingtaine d'années, mais nettement moins belle que Pannonique. Sans emploi au moment où elle est recrutée par l'émission, Zdena fait rapidement preuve d'une absence totale de compassion et d'empathie. Elle n'a aucune notion du bien et du mal, et ne s'intéresse pas aux sentiments des autres. En vérité, Zdena apparait très vite comme une brute dépourvue d'esprit. Sa froideur monstrueuse ne se trouble qu'à partir du moment où elle rencontre Pannonique, celle-ci déclenchant en Zdena un désir irrépressible qui vire à l'obsession. C'est grâce à cette rencontre que Zdena commence peu à peu à découvrir ce qu'est l'amour.

LES AUTRES DÉTENUS

EPJ 327

De son vrai nom Pietro Levi, EPJ 327 est un professeur éperdu d'amour et d'admiration pour le personnage de Pannonique. Il ne cesse de la flatter et de l'encourager, s'inquiète régulièrement pour elle. C'est un personnage réconfortant pour Pannonique.

MDA 802

On en sait très peu sur cette prisonnière. Pannonique lui sauve la vie en révélant son prénom à la kapo Zdena, qui s'apprêtait à faire exécuter la jeune femme.

ZHF 911

ZHF 911 est une vieille femme détestable qui a régulièrement des paroles méchantes pour ses compagnons de camp, et qui pousse d'affreux hurlements involontaires durant la nuit, empêchant tout le monde de dormir.

PFX 150

C'est une adolescente sans caractère, abusée la nuit par l'un des organisateurs de l'émission. Pannonique tentera de s'y opposer, sans autre conséquence que l'exécution de l'enfant.

À L'EXTÉRIEUR

Les organisateurs

Entité anonyme qui ne dévoile jamais son visage, les organisateurs décident du règlement de *Concentration*. Ils ont tout pouvoir, et leur seul but est de réaliser un maximum d'audience.

Les médias

Seconde entité anonyme, ils commentent l'émission tout en pointant du doigt la responsabilité des spectateurs. Pour eux, *Concentration* est une abomination, les prisonniers sont des héros, et tous ceux qui regardent ce programme sont coupables. Cependant, leur manie de commenter l'émission sous tous ses angles ne fait que renforcer l'intérêt que les spectateurs portent au show télé.

Les téléspectateurs

C'est la dernière entité anonyme dont nous ne savons rien, sinon qu'elle regarde *Concentration*, et qu'elle la regarde de plus en plus assidument à mesure que l'histoire progresse. Les téléspectateurs deviennent complices de cette tuerie lorsque l'émission leur permet de voter pour l'exécution d'un ou d'une candidate.

CLÉS DE LECTURE

L'IMAGE D'UN MESSIE ?

Dès le début, Pannonique est désignée par les caméras comme le symbole de l'humanité torturée. Sa grande beauté, mais aussi sa dignité dans la souffrance font d'elle un modèle à admirer tant pour les téléspectateurs que pour ses codétenus. Le drame de sa mort inévitable et les coups qu'elle reçoit des kapo sont autant de raisons de la mettre sur un piédestal. Zdena elle-même compare Pannonique aux belles jeunes femmes que l'on peut voir peintes dans des tableaux du Moyen-âge. À partir de là, une aura mystique commence à irradier autour de Pannonique.

Son unité est composée de dix personnes, et vers la fin de la première partie, il est dit que Pannonique est obsédée par le salut de ces dix personnes. Ce type de vocabulaire religieux est employé à plusieurs reprises au sein du roman : « miracle » p.72, « Dieu » p.79, « absolution » p.176. Peu à peu, le personnage de Pannonique devient celui d'une faiseuse de miracle. Elle sauve des prisonniers par sa seule parole. Comme lorsqu'elle épargne l'exécution à MDA 802 en révélant son nom au kapo Zdena. À tout moment du livre, il semble que la parole de Pannonique ait un impact puissant sur la réalité. Et pour cause, comme le dit Zdena, c'est parce que Pannonique parle peu et ne parle que lorsqu'elle a quelque chose à dire.

Par ses mots, Pannonique fait peu à peu changer Zdena de comportement. La kapo cède parce que la détenue lui parle comme à un être humain, et qu'il est plus difficile de battre quelqu'un que l'on connait. Zdena remplace d'abord sa schlague par une imitation inoffensive, puis elle apporte à Pannonique une tablette de chocolat afin de la protéger de la famine. Pannonique, par sa seule voix, est capable de faire naitre le meilleur, y compris chez une brute sans cœur comme Zdena. Ce qui peut apparaitre comme un don divin.

Vers la page 79, Pannonique souffre de l'absence de Dieu. Comme elle est non-croyante, la jeune femme ne peut se défouler en reprochant à Dieu son inaction, et cet exercice lui manque. Elle décide donc de remplacer Dieu, plus précisément d'occuper la place d'un principe fondateur ; ainsi il y aurait quelqu'un à haïr. Elle veut avoir le rôle d'une dispensatrice de grandeur et d'amour, tel un phare dans la nuit de *Concentration*, aussi se fait-elle un devoir d'aimer tous ses codétenus. Même ceux qu'il n'est pas facile d'aimer.

Lorsqu'elle cesse de vouloir être Dieu, faute de n'avoir pu aider PFX 150, Pannonique n'en demeure pas moins une figure biblique, tel Simon de Cyrène. Elle choisit d'incarner ce personnage de la Bible parce qu'il avait aidé un autre homme dont la charge était trop lourde pour ses épaules. De cette manière, Pannonique réaffirme son vœu de sauver son unité.

Le chocolat offert par Zdena, qu'elle partage avec toute son unité, revêt un caractère sacré. C'est un rituel régulier, un moment d'échange avec les autres prisonniers qui permet à Pannonique de leur faire oublier l'espace d'un instant leur terrible condition.

Son rôle messianique, même si elle le refuse en songeant qu'elle ne veut pas devenir une victime expiatoire, elle l'endosse en partie lorsqu'elle s'adresse adroitement aux téléspectateurs et qu'elle les accuse d'être les responsables du crime qu'est cette émission. Elle se place en juge, en accusatrice, et ce discours rappelle les paroles de Jésus lorsque celui-ci accuse les marchands du temple de bafouer la religion.

Le sommet de cette expression divine survient lorsque Pannonique interpelle une dernière fois les téléspectateurs en leur demandant de voter pour elle et uniquement pour elle au moment d'élire les condamnés, arguant qu'il en va de leur « absolution ». Les médias ne s'y trompent d'ailleurs pas en titrant « Elle se prend pour le Christ », mais en vérité il ne s'agit là que d'un subterfuge. Pannonique ne se prend pas pour le Christ, elle ne fait que jouer avec cette image que la situation tend à plaquer sur elle afin de faire réagir tant les spectateurs que Zdena. Elle souhaite montrer à tous que l'être humain n'est pas condamné à se comporter en misérable, et que des notions telles que l'honneur et la grandeur d'âme n'ont pas disparues.

Elle veut montrer, au sein de cet enfer qu'est *Concentration*, que la beauté et l'amour peuvent encore exister.

LE POUVOIR DU LANGAGE

Dans *Acide Sulfurique*, la force que recèle le langage nous est révélée à travers la valeur qui est accordée au nom de chacun. Les organisateurs confisquent les noms des prisonniers pour les remplacer par de simples matricules, et ce afin de les déshumaniser le plus tôt possible. Il faut que les prisonniers deviennent des objets, et le fait de nier leurs noms permet aux kapos de les traiter comme tels. C'est pour cette raison que Zdena n'est plus capable de torturer et d'insulter Pannonique dès lors qu'elle connait son prénom. Nommer quelqu'un, lui accorder une identité, c'est le reconnaitre comme son semblable. Or Zdena elle-même est privée de ce droit, car devant son nom est prononcé son titre, kapo, ce qui signifie qu'elle est devenue elle aussi une sorte d'objet : en l'occurrence un outil utilisé par les organisateurs. Il est d'ailleurs intéressant de noter que Zdena accepte volontiers ce titre. Du moins au début. Dans la société civile, elle semblait complexée : sans emploi, elle a la sensation constante de ne rien penser, ou de ne rien avoir à dire. Zdena accepte d'être l'objet kapo car elle se considère comme incapable d'avoir une personnalité à elle. Elle est incapable de nommer ce qu'elle ressent à l'égard de Pannonique, incapable de dire que Pannonique est belle, incapable de dire le mot « amour » pour désigner ce qui se produit en elle. Vers la page 114, Zdena éprouve de la jalousie envers EPJ 327. C'est parce qu'elle s'aperçoit du don d'éloquence du professeur, et prend conscience de sa propre maladresse verbale. Elle ne sait ni quoi dire ni comment exprimer des paroles dignes d'intérêt, et à travers cet échec, les bourreaux apparaissent ainsi moins humains que les prisonniers, qui eux ont conservé leur don de parole.

À ce titre, le cri poussé par Pannonique lorsque MDA 802 est menacée d'exécution par Zdena est un puissant acte de résistance. Elle révèle son nom, d'une part parce qu'elle sait qu'il peut s'agir d'une monnaie d'échange auprès de Zdena, mais aussi pour rappeler à qui veut l'entendre qu'elle n'est pas qu'un numéro, mais un être vivant qui pense et ressent des émotions.

Un autre aspect de la force du langage, c'est le système que mettent en place les prisonniers pour se préserver de la folie et de la barbarie. Sous l'impulsion de Pannonique, ils décident d'un commun accord de se vouvoyer les uns les autres, en dépit du fait que certains ont le même âge. Ce choix ne les rend pas moins proches et n'empêche aucune amitié, mais il différencie les rapports que les prisonniers ont entre eux avec ceux qu'ils entretiennent avec les kapos (qui eux les tutoient). Par ailleurs, cette utilisation d'un langage soutenu leur permet de maintenir une atmosphère civilisée, presque noble, dans le camp. Vouvoyer son voisin, c'est une marque de respect importante qui interdit implicitement tout débordement insultant et grossier.

LA NOTION DE RESPONSABILITÉ

À la page 117, EPJ 327 s'interroge : qui sont les plus coupables dans cette histoire ? S'agit-il des organisateurs, des hommes politiques qui n'interdisent pas l'émission, des kapos, ou bien des téléspectateurs ? Pour que personne ne soit responsable d'un crime, il faut que tout le monde le soit. C'est la clé. Et cette question de la responsabilité est au cœur de ce roman.

Les trois grands groupes de personnages extérieurs au camp sont tous parfaitement anonymes. Les organisateurs, les médias et les téléspectateurs, bien que mentionnés à plusieurs reprises, ne sont rien de plus que des masses floues et impersonnelles que personne ne peut voir. Le fait de ne pas les nommer, là encore, introduit un effet particulier dans le récit : s'il n'y a pas d'individu identifié, il n'y pas de coupable. De ce point de vue, la sensation éprouvée par le lecteur peut être la même que celle présente dans un autre livre d'anticipation, *1984*, de Georges Orwell. Big Brother n'y est qu'un nom d'emprunt, tandis que le véritable ennemi, lui, n'a pas de nom. Il s'agit de l'administration dans son sens le plus vague. Si les coupables sont eux aussi déshumanisés par ce caractère anonyme, alors ils deviennent plus grands, car on ne peut les comptabiliser et déterminer l'étendue de leur pouvoir.

Jusqu'où peuvent aller les organisateurs de *Concentration* ? Ce point n'est défini nulle part, et le lecteur peut ainsi s'attendre à tout. Cependant, cette absence de limite ne rend pas leur responsabilité plus grande pour autant. Au contraire. Divers indices égrenés au cours du roman suggèrent que les organisateurs ont d'une façon ou d'une autre poussé les autorités du pays à fermer les yeux sur leurs activités. De cette façon, tous ceux qui auraient pu agir pour empêcher cette émission, et qui ne l'ont pas fait, deviennent complices. Les plus coupables étant les médias, eux aussi rendus commodément anonymes. En rapportant dans leurs journaux les activités se déroulant dans *Concentration*, ils en font la promotion quand bien même ils se disent outrés par l'émission. Ils servent d'intermédiaires entre l'émission et les téléspectateurs, et contribuent à héroïser les prisonniers tout en diabolisant les kapos. Cela étant, rien de ce que peuvent écrire les médias ne compte réellement, le principe même de parler de l'émission et d'en faire la publicité auprès du public suffit à les rendre eux aussi coupables. Ils font preuve d'une hypocrisie remarquable en couvrant abondamment un sujet qu'ils reconnaissent eux-mêmes comme un phénomène à ne pas évoquer. Cette critique de l'auteur vis-à-vis de nos médias contemporains et de leur tendance au voyeurisme est transparente. Pour Amélie Nothomb, l'humanité aurait un goût macabre pour la souffrance d'autrui, et les médias seraient les premiers à nous en offrir le spectacle.

D'autre part, tout est pire du côté des téléspectateurs. D'eux, nous ne savons rien, sinon qu'ils regardent de plus en plus l'émission, et quoi de plus normal : ils ne pensent rien. Contrairement à Pannonique, dont le nom affirmé signifie qu'elle pense avec une identité propre, tous ceux qui n'en ont pas ne sont par définition personne. Les téléspectateurs ne pensent pas, ils consomment ce que d'autres leur offrent sur un plateau.

La première phrase du roman : « Vint le moment où la souffrance des autres ne leur suffit plus ; il leur en fallut le spectacle », nous indique un réel appétit des téléspectateurs pour la souffrance. C'est comme si cette foule d'êtres anonymes avait besoin de se nourrir de la douleur d'individus tels que Pannonique, des individus avec une personnalité à laquelle eux n'ont pas eu droit. Quelque part, les téléspectateurs sont conditionnés dès le départ par le récit en étant eux aussi privés de noms : c'est ce qui fait d'eux des consommateurs passifs. Comme l'affirme Pannonique, ce sont eux les plus coupables, qui n'affirment pas leur nom ou leur identité et ce faisant, acceptent d'être les consommateurs passifs qu'ils sont censés être. Le crime n'est plus dans l'action, il est dans la lâcheté.

UNE MODERNISATION DES CAMPS NAZIS

Comme son nom l'indique, l'auteur propose avec l'émission de télé *Concentration* au lecteur une version modernisée des camps de concentration nazi de la Seconde Guerre mondiale. De nombreux parallèles, d'abord formels, peuvent être faits avec des livres-témoignages tels que *Si c'est un homme* de Primo Levi, qui témoignent avec précision du quotidien des prisonniers dans le camp de Monowitz, en Pologne. D'abord, nous savons que ces prisonniers possédaient un numéro d'immatriculation tatoué sur leur bras afin de les déshumaniser en les dépossédant de leur identité, exactement comme cela est décrit dans le roman d'Amélie Nothomb : « Un matricule qui leur était tatoué dans la peau devenait l'unique nom autorisé. » De même, la terminologie est reprise à travers notamment le grade de « kapo ».

D'autre part, et même s'il s'agit d'une théorie non confirmée par l'auteure (qui a cependant confirmé l'avoir élu pour sa rareté), on peut se demander si le prénom de Pannonique n'a pas été choisi en référence à la Shoah. En effet, il semble construit sur le mot « Pannonie », qui correspond à une région de la Hongrie où de nombreux Juifs ont été exterminés. Le prénom pourrait servir à symboliser en un seul représentant la disparition des millions de Juifs pendant la guerre.

Toutes proportions gardées, La notion de dignité est essentielle dans *Acide sulfurique* tout comme dans *Si c'est un homme* : afin de conserver cette marque essentielle de leur humanité que les kapos et les organisateurs tentent à tout prix de faire disparaitre, Pannonique et les autres prisonniers s'astreignent ainsi à se vouvoyer pour ne pas tomber dans la bestialité la plus pure. De la même manière, Primo Levi reçoit les conseils d'un autre détenu, Streinlauf, pour pouvoir survivre dans l'horreur de Monowitz : il faut continuer à se laver, à cirer ses chaussures, à se respecter en tant qu'homme pour ne pas abandonner la dernière part d'humanité qui leur reste.

L'absurdité est un autre thème commun : tout comme dans le camp de Monowitz, où la règle se résume à « il n'y a pas de pourquoi », aucun principe fondé sur la raison ne semble régir l'émission télévisée, qui croit en violence jusqu'à atteindre le point de non-retour : l'exécution gratuite d'un détenu, soumis au bon vouloir des spectateurs comme les prisonniers des camps nazi étaient soumis aux kapos. On le sait, la notion de jeu y était d'ailleurs présente : des combats de boxe étaient organisés entre gardiens allemands et détenus, pour divertir les SS en mal d'amusement. Comme *Concentration*, ils s'apparentaient à des jeux du cirque où la loi du plus fort règne en maitre.

Enfin, la notion de responsabilité, que nous évoquions précédemment, est présente dans les deux cas : tout comme elle est conçue de manière diffuse dans *Acide sulfurique* et ne peut être imputée à un personnage en particulier (c'est l'absence générale de réaction, l'indifférence collective, la distanciation par le spectacle qui mène à la déshumanisation), la Shoah a été permise par la déresponsabilisation des cadres nazis, qui justifiaient leurs crimes par l'obéissance aux ordres. De même, il est prouvé qu'une part non négligeable de la population polonais était au courant de l'horreur des camps, malgré les efforts de dissimulation des Nazis. Tout comme les hauts responsables américains et britanniques possédaient dès le début certaines preuves de l'extermination massive des Juifs, selon l'historien Richard Breitman, auteur du livre *Secrets officiels*.

LA DYSTOPIE

La dystopie est un sous-genre de la science-fiction. Son nom signifie littéralement : contre-utopie. Une utopie est une société idéale dans laquelle tout va pour le mieux dans le meilleur des mondes. La dystopie se situe donc à l'opposée.

On compte dans ce sous-genre trois œuvre majeures d'anticipation, dont une a déjà été citée plus haut : *1984* de Georges Orwell, *Le Meilleur des Mondes* d'Aldous Huxley, et *Fahrenheit 451* de Ray Bradbury. Le principe de ce type de récit (également nommé roman d'anticipation) consiste à se saisir d'un élément social, politique ou technologique de nos sociétés contemporaines, et de le pousser à l'extrême en nous amenant dans une société du futur (un futur généralement assez proche). Ainsi, Orwell nous dépeint un avenir dans lequel la surveillance des individus est devenue quasi systématique ;

Huxley nous parle d'un monde eugéniste où les caractéristiques des bébés à naitre sont décidées à l'avance ; et Bradbury raconte une société où lire est devenu un crime.

Dans *Acide Sulfurique*, ce type de raisonnement est repris, et fait écho à nos émissions de téléréalité modernes où des candidats sont constamment filmés durant leur quotidien.

PISTES DE RÉFLEXION

QUELQUES QUESTIONS POUR APPROFONDIR SA RÉFLEXION...

- À quel genre littéraire appartient *Acide Sulfurique* ? Expliquez pourquoi.
- Au milieu du récit, Pannonique envisage de remplacer Dieu. Pourquoi ? Quelles sont ses ambitions ?
- Dans le roman, Pannonique et ses codétenus se demandent qui est le véritable responsable de la création de *Concentration*. Quel est l'avis de Pannonique, et pourquoi en vient-elle à cette conclusion ? Quel est votre avis ?
- Quelle est la valeur accordée aux prénoms dans *Acide Sulfurique* ?
- Quel rôle joue le langage dans le roman ?
- Qu'espère Zdena en offrant du chocolat à Pannonique ?
- Pour quel autre personnage de la Bible, Pannonique veut-elle se prendre ? Pour quelles raisons ?
- Quelle décision prennent les organisateurs lorsqu'ils s'aperçoivent que les audiences de

l'émission ont cessé d'augmenter ? Quelles seront les conséquences de cette décision ?

- De quelle façon Pannonique s'y prend-elle pour convaincre Zdena de faire s'évader son unité ?

- Par quel moyen Pannonique annonce-t-elle vouloir rendre heureux les autres, à la toute fin du roman ?

Votre avis nous intéresse !
Laissez un commentaire sur le site de votre
librairie en ligne
et partagez vos coups de cœur sur les réseaux
sociaux !

POUR ALLER PLUS LOIN

ÉDITION DE RÉFÉRENCE

- NOTHOMB A., *Acide Sulfurique*, Albin Michel, coll. Le Livre de Poche, 2017.

ÉTUDES DE RÉFÉRENCE

- BEIGBEDER F., LIGER, B. « Amélie Nothomb crée la vraie polémique de la rentrée », par Frédéric Beigbeder et Baptiste Liger, L'Express, publié le 01/09/2005.
- LEVI P., *Si c'est un Homme*, Julliard, 1987.
- BREITMAN, R., *Secrets officiels : Ce que les Nazis planifiaient, ce que les Britanniques et les Américains savaient*, Calmann-Lévy, 2005

SUR LEPETITLITTÉRAIRE.FR

- Fiche de lecture sur *Mercure* d'Amélie Nothomb.
- Fiche de lecture sur *Stupeur et tremblements* d'Amélie Nothomb.
- Fiche de lecture sur *Le Sabotage amoureux* d'Amélie Nothomb.

- Fiche de lecture sur *Une forme de vie* d'Amélie Nothomb.
- Fiche de lecture sur *Hygiène de l'assassin* d'Amélie Nothomb.
- Fiche de lecture sur *Le crime du comte Neville* d'Amélie Nothomb.

Retrouvez notre offre complète sur lePetitLittéraire.fr

- des fiches de lectures
- des commentaires littéraires
- des questionnaires de lecture
- des résumés

ANOUILH
- Antigone

AUSTEN
- Orgueil et Préjugés

BALZAC
- Eugénie Grandet
- Le Père Goriot
- Illusions perdues

BARJAVEL
- La Nuit des temps

BEAUMARCHAIS
- Le Mariage de Figaro

BECKETT
- En attendant Godot

BRETON
- Nadja

CAMUS
- La Peste
- Les Justes
- L'Étranger

CARRÈRE
- Limonov

CÉLINE
- Voyage au bout de la nuit

CERVANTÈS
- Don Quichotte de la Manche

CHATEAUBRIAND
- Mémoires d'outre-tombe

CHODERLOS DE LACLOS
- Les Liaisons dangereuses

CHRÉTIEN DE TROYES
- Yvain ou le Chevalier au lion

CHRISTIE
- Dix Petits Nègres

CLAUDEL
- La Petite Fille de Monsieur Linh
- Le Rapport de Brodeck

COELHO
- L'Alchimiste

CONAN DOYLE
- Le Chien des Baskerville

DAI SIJIE
- Balzac et la Petite Tailleuse chinoise

DE GAULLE
- Mémoires de guerre III. Le Salut. 1944-1946

DE VIGAN
- No et moi

DICKER
- La Vérité sur l'affaire Harry Quebert

DIDEROT
- Supplément au Voyage de Bougainville

DUMAS
- Les Trois Mousquetaires

ÉNARD
- Parlez-leur de batailles, de rois et d'éléphants

FERRARI
- Le Sermon sur la chute de Rome

FLAUBERT
- Madame Bovary

FRANK
- Journal d'Anne Frank

FRED VARGAS
- Pars vite et reviens tard

GARY
- La Vie devant soi

GAUDÉ
- La Mort du roi Tsongor
- Le Soleil des Scorta

GAUTIER
- La Morte amoureuse
- Le Capitaine Fracasse

GAVALDA
- 35 kilos d'espoir

GIDE
- Les Faux-Monnayeurs

GIONO
- Le Grand Troupeau
- Le Hussard sur le toit

GIRAUDOUX
- La guerre de Troie n'aura pas lieu

GOLDING
- Sa Majesté des Mouches

GRIMBERT
- Un secret

HEMINGWAY
- Le Vieil Homme et la Mer

HESSEL
- Indignez-vous !

HOMÈRE
- L'Odyssée

HUGO
- Le Dernier Jour d'un condamné
- Les Misérables
- Notre-Dame de Paris

HUXLEY
- Le Meilleur des mondes

IONESCO
- Rhinocéros
- La Cantatrice chauve

JARY
- Ubu roi

JENNI
- L'Art français de la guerre

JOFFO
- Un sac de billes

KAFKA
- La Métamorphose

KEROUAC
- Sur la route

KESSEL
- Le Lion

LARSSON
- Millenium I. Les hommes qui n'aimaient pas les femmes

LE CLÉZIO
- Mondo

LEVI
- Si c'est un homme

LEVY
- Et si c'était vrai…

MAALOUF
- Léon l'Africain

MALRAUX
• La Condition humaine

MARIVAUX
• La Double Inconstance
• Le Jeu de l'amour et du hasard

MARTINEZ
• Du domaine des murmures

MAUPASSANT
• Boule de suif
• Le Horla
• Une vie

MAURIAC
• Le Nœud de vipères

MAURIAC
• Le Sagouin

MÉRIMÉE
• Tamango
• Colomba

MERLE
• La mort est mon métier

MOLIÈRE
• Le Misanthrope
• L'Avare
• Le Bourgeois gentilhomme

MONTAIGNE
• Essais

MORPURGO
• Le Roi Arthur

MUSSET
• Lorenzaccio

MUSSO
• Que serais-je sans toi ?

NOTHOMB
• Stupeur et Tremblements

ORWELL
• La Ferme des animaux
• 1984

PAGNOL
• La Gloire de mon père

PANCOL
• Les Yeux jaunes des crocodiles

PASCAL
• Pensées

PENNAC
• Au bonheur des ogres

POE
• La Chute de la maison Usher

PROUST
• Du côté de chez Swann

QUENEAU
• Zazie dans le métro

QUIGNARD
• Tous les matins du monde

RABELAIS
• Gargantua

RACINE
• Andromaque
• Britannicus
• Phèdre

ROUSSEAU
• Confessions

ROSTAND
• Cyrano de Bergerac

ROWLING
• Harry Potter à l'école des sorciers

SAINT-EXUPÉRY
• Le Petit Prince
• Vol de nuit

SARTRE
• Huis clos
• La Nausée
• Les Mouches

SCHLINK
• Le Liseur

SCHMITT
- La Part de l'autre
- Oscar et la
  Dame rose

SEPULVEDA
- Le Vieux qui
  lisait des romans
  d'amour

SHAKESPEARE
- Roméo et Juliette

SIMENON
- Le Chien jaune

STEEMAN
- L'Assassin
  habite au 21

STEINBECK
- Des souris et
  des hommes

STENDHAL
- Le Rouge et
  le Noir

STEVENSON
- L'Île au trésor

SÜSKIND
- Le Parfum

TOLSTOÏ
- Anna Karénine

TOURNIER
- Vendredi ou
  la Vie sauvage

TOUSSAINT
- Fuir

UHLMAN
- L'Ami retrouvé

VERNE
- Le Tour
  du monde
  en 80 jours
- Vingt mille
  lieues sous
  les mers
- Voyage au
  centre de
  la terre

VIAN
- L'Écume des jours

VOLTAIRE
- Candide

WELLS
- La Guerre des
  mondes

YOURCENAR
- Mémoires
  d'Hadrien

ZOLA
- Au bonheur
  des dames
- L'Assommoir
- Germinal

ZWEIG
- Le Joueur
  d'échecs

L'éditeur veille à la fiabilité des informations publiées, lesquelles ne pourraient toutefois engager sa responsabilité.

www.lepetitlitteraire.fr

ISBN version numérique : 9 782 808 014 229
ISBN version papier : 9 782 808 014 236
Dépôt légal : D/2018/12603/471

Conception numérique : Primento,
le partenaire numérique des éditeurs.

Ce titre a été réalisé avec le soutien de la Fédération Wallonie-Bruxelles, Service général des Lettres et du Livre.